Gustave regarde trop la télé

Licensed By:

Hasbro et son logo, Littlest PetShop et son logo
ainsi que tous les personnages connexes sont des marques de commerce
appartenant à Hasbro et sont utilisés avec leur permission.
© 2010 Hasbro. Tous droits réservés.

© Hachette Livre, 2011.

Conception graphique du roman : Audrey Cormeray

Hachette Livre, 43, quai de Grenelle, 75015 Paris

Littlest PetShop

Gustave regarde trop la télé

Raconté par Katherine Quénot

On ne s'ennuie jamais

Pas besoin de montrer
patte blanche pour entrer
dans le monde des PetShop !
Ici, tout le monde vit ensemble.
Eh oui, les PetShop ont une devise :
plus on est de PetShop, plus on rit !
Et avec eux, tout est possible...
Leur vie est toujours pleine
de surprises !

avec les Petshop !

Les histoires racontées dans ce livre ont été traduites du langage des Petshop

Les héros des histoires

Gustave, l'hippocampe

Gustave a une passion dans la vie : ramper. Tous les ans, il participe aux grands championnats du monde des PetShop qui se déplacent sans se servir de leurs pattes. Tous les participants doivent onduler sur le ventre le plus vite possible. Comme le petit hippocampe a de sérieux concurrents (vers de terre, escargots, serpents, limaces et d'autres hippocampes) il s'entraîne tous les jours avec un autre grand sportif, Samuel, un serpent adorable. La seule journée de l'année où Gustave ne s'entraîne pas, c'est le jour de son anniversaire !

Charles, le chien

Charles est un très beau PetShop, c'est vrai. Issu d'une vieille famille de Cavaliers King Charles, c'est un chien d'une élégance rare, avec son pelage rose, sur lequel il s'est fait faire des tatouages de fleurs multicolores. Et non seulement il est beau, mais il est riche ! Sa maison dans le quartier des chiens est la plus vaste et la plus belle de toutes. Résultat : Charles est un peu vaniteux. Il est fier de tout : de sa maison, de sa grosse voiture de sport, de ses tatouages, de sa petite amie... et même de ses défauts !

Qui fonce à toute allure, s'arrête pile, change de direction, puis repart plein pot ? Non, ce n'est pas une auto-tamponneuse, c'est Marie, la coccinelle rose à points rouges, la plus rapide de toutes les coccinelles de la ville des PetShop. Et en plus, elle vole : 50 km à l'heure, le vent dans le nez ! Mais Marie est également très rapide pour avoir des idées. Avec elle, on ne s'ennuie pas. C'est exactement pour ça que Lydie, sa meilleure amie, l'aime autant même si elle a peur quelquefois des inventions de Marie...

Marie, la coccinelle

Gustave

Ce matin, Gustave ne s'est pas entraîné à ramper, comme il le fait chaque jour de l'année avec Samuel, son grand ami serpent. C'est normal, aujourd'hui c'est son anniversaire ! Gustave est très content du programme de la journée : sa voisine Marine, une petite chatte, a organisé un barbecue dans son jardin où elle a invité tous ses amis. Et en plus, ils se sont mis d'accord pour lui offrir un superbe cadeau : une télévision ! Même si Gustave n'a jamais eu envie de regarder la télévision, il est vraiment très heureux que ses amis aient pensé à lui.

— Au revoir, Marine, dit-il à la petite chatte qui l'a aidé à transporter sa télévision chez lui après la fête.

— À bientôt ! Et ne regarde pas trop la télé ! ajoute-t-elle en riant.

— Ne t'inquiète pas ! répond Gustave. Et merci encore, Marine !

Les deux PetShop se font la bise, puis la petite chatte laisse son ami. Une fois seul, le petit hippocampe enroule l'extrémité de sa queue autour de l'accoudoir de son fauteuil le plus confortable, puis il s'enfonce dans les coussins avec un soupir de satisfaction. Marine n'a pas besoin de s'inquiéter : il n'y a aucun risque qu'il regarde trop la télévision ! En fait, il a surtout envie d'aller se coucher pour se réveiller en pleine forme le lendemain. L'air de rien, son entraînement du matin lui a manqué…

Le regard du petit hippocampe s'arrête sur la télévision qui se trouve au milieu du salon. Puis, comme tous les hippocampes savent le faire grâce à leurs deux yeux qui peuvent bouger chacun de leur côté, son œil gauche se met à explorer la pièce, tandis que son œil droit reste fixé sur le poste. Où est-ce qu'il va pouvoir installer ce gros appareil ? Ce n'est vraiment pas très joli…

Bientôt, Gustave en arrive à la conclusion qu'il ne peut pas garder la télévision dans son salon. Ça ne va pas du tout avec ses jolis rideaux, ses tapis aux longues franges, ses coussins rouge corail et les éclairages tamisés qui recréent une ambiance aquatique. C'est comme si on mettait une télévision au fond de la mer…

— Bon, se décide l'hippocampe en se décrochant de son accoudoir. Une seule solution : la mettre dans ma chambre.

Gustave a vraiment du mal à pousser sa télévision jusqu'à sa chambre. Elle pèse une tonne ! Il la place dans l'angle, à côté de la fenêtre, pour pouvoir la cacher en tirant les rideaux. Comme ça, il pourra dire à ses amis qu'il la regarde de son lit, même si ce n'est pas vrai.

— Et maintenant, dodo ! s'écrie Gustave en rampant vers le gros coquillage rempli de coussins moelleux qui lui sert de lit.

C'est à ce moment-là que son téléphone sonne. Gustave rampe à toute vitesse vers sa table de chevet et décroche. C'est Marine :

— Allô, Gustave ? Alors, ta télé... Tu l'as mise en marche ?

— Pas encore. Je viens de l'installer dans ma chambre pour la regarder de mon lit.

— Très bonne idée. Allez, allume-la !

— Maintenant ?

— Oui, je reste au bout du fil... Vas-y. C'est le bouton du milieu !

— Bon, d'accord, répond Gustave d'un ton qui manque un peu d'enthousiasme.

« Peut-être que ça ne va pas

marcher », espère l'hippocampe en branchant le fil. Puis, il presse le bouton du milieu et… il sursaute de peur ! Des voix inconnues font irruption dans sa chambre. Le petit hippocampe regarde l'écran avec des yeux ronds, les deux en même temps, pour une fois : des PetShop sont sur une plage en train d'essayer de faire du feu…

— Mais qu'est-ce qu'ils fabriquent ? se demande Gustave à voix haute.

Intrigué, le petit hippocampe continue à fixer l'écran. Petit à petit, il comprend qu'il s'agit d'un jeu, où des PetShop sont sur une île déserte, comme Robinson

Crusoé. Il y a deux équipes de PetShop. L'une est composée d'un lion, d'un chat et d'un mouton. L'autre, d'un crabe, d'une langouste et d'une tortue de mer. Dans chacune des équipes, les concurrents frottent deux morceaux de bois l'un contre l'autre au-dessus d'un petit tas d'herbes sèches… Gustave préfère tout de suite l'équipe du crabe. Et justement, une petite fumée commence à monter du côté de son équipe préférée !

— Oui ! s'écrie Gustave. Allez, les PetShop ! C'est vous les plus forts !

Hélas, la fumée se dissipe vite : le feu n'a pas pris. Le petit hippocampe est très déçu. Et en plus, maintenant c'est l'autre équipe qui vient de réussir à faire partir le feu...

— Non ! Éteins-toi, le feu ! supplie Gustave.

C'est alors qu'une autre voix s'élève dans la chambre. Mais elle ne sort pas de la télévision, cette fois. C'est celle de Marine qui vient d'entrer dans la chambre...

— Dis donc, Gustave, j'ai l'impression que tu m'as oubliée au bout du fil !

Sans quitter la télévision de son œil gauche, le petit hippocampe dirige son œil droit vers son amie.

— Gloups ! C'est vrai. Excuse-moi, Marine, je suis vraiment désolé.

Mais Marine pousse un miaulement joyeux.

— Ne t'excuse pas ! Au contraire, c'est génial que le cadeau te plaise autant…

— Oui, merci, répond Gustave, qui brûle d'impatience de revenir à son émission.

— Alors bonne télé, ajoute Marine, mais ne veille pas trop tard, quand même ! Tu vas t'entraîner demain ?

— Heu… Écoute Marine, soit tu viens t'asseoir avec moi, soit tu t'en vas ! J'ai envie de suivre, là…

— OK, j'ai compris ! miaule Marine sans se vexer. Mais attention, tu vas faire une indigestion de télé ! À demain !

Gustave ne répond même pas à sa copine. Il retient son souffle. Le feu de l'autre équipe s'est éteint, tandis que de la fumée s'élève à nouveau du foyer de son équipe favorite. Ça y est, Gustave voit crépiter quelques flammèches. Ils ont réussi !

— Bravo, les gars ! Allez, posez-moi une poignée d'herbes sèches là-dessus, et soufflez…

Comme si les PetShop de la télé l'avaient entendu, le crabe ajoute quelques brindilles sèches, puis se met à souffler. Bientôt, il y a un vrai petit feu sur la plage… L'équipe de Gustave a gagné !

Profitant de ce moment de répit, le petit hippocampe regarde sa montre. Déjà minuit. D'habitude, à cette heure-là, il dort depuis longtemps. Mais Gustave n'a aucune envie d'éteindre la télé. Il faut se mettre à sa place : il veut absolument savoir ce que les PetShop vont se faire à manger maintenant. Des coquillages ? Des algues ? Des racines ? Lui, à leur place, il pêcherait des crevettes…

« Je regarde encore cinq minutes », se dit Gustave.

Cinq minutes plus tard, Gustave s'accorde cinq minutes de plus. Mais pas davantage, c'est promis. Et c'est ainsi que, de cinq minutes en cinq minutes, l'hippocampe est toujours hypnotisé par son petit écran à trois heures du matin. Il se sent complètement abruti, ses yeux piquent, mais il est totalement incapable d'arrêter. Il a regardé jusqu'au bout les aventures des PetShop sur leur île, puis il a continué avec des dessins animés, et maintenant il est scotché devant des clips musicaux qui se succèdent les uns après les autres. Jusqu'au moment où il s'endort d'épuisement sans même s'en rendre compte…

C'est le coup de fil de Samuel qui le réveille, à huit heures le lendemain matin. Le serpent siffle tellement fort dans son téléphone que Gustave en a mal aux oreilles.

— Allô, Gussssstave ! Mais qu'est-cccce que tu fais ? Je t'attends depuis je ssssssais pas combien de temps !

Gustave cligne des yeux. Il voit devant lui les images de la télévision bouger. Il ne l'a même pas éteinte !

— Je suis désolé, Samuel, dit-il d'une voix pâteuse. J'ai eu une panne d'oreiller…

— Bon, d'accord, mais tu viens

maintenant ? Tu es prêt, j'essssspère ?

L'hippocampe se redresse sur son lit. Les aventures des PetShop sur leur île ont repris !

— Euh, dit Gustave en se forçant à tousser, en fait je crois que je suis un peu malade… J'ai dû prendre froid hier dans le jardin de Marine.

— Froid ? répète le serpent, étonné. Il faisait pourtant très chaud hier ! Mais, reprend-il après une pause, tu n'es pas sssssseul ? J'entends des voix…

— Ce n'est que la télé ! À propos, merci encore pour le cadeau !

— Hum, en fait, c'était une idée de Marine. Moi, je n'étais pas tellement d'accord, j'essspère que tu ne vas pas trop la regarder...

— T'inquiète. Je me repose aujourd'hui et je reprends l'entraînement dès demain !

— Alors à demain, répond Samuel en soupirant.

Une fois le téléphone raccroché, Gustave se tortille de joie dans son lit. Enfin, seul avec sa télé ! Maintenant, les PetShop s'apprêtent à faire un concours de tir à l'arc…

Pendant que les concurrents taillent leurs flèches, le petit hippocampe va vite se préparer un plateau-télé. Heureusement qu'il est champion de reptation : il ne lui faut que quelques secondes pour atteindre sa cuisine. Avec sa queue qu'il peut enrouler et dérouler à volonté comme celle d'un singe, il entasse pêle-mêle sur son plateau tout ce qui lui tombe sous la nageoire : un vieux morceau de camembert, un reste de riz qu'il ne prend même pas le temps de réchauffer et une tranche de jambon toute racornie. Puis, pour pouvoir tenir tout l'après-midi sans se déplacer, il ajoute un énorme paquet de pop-corn, une boîte de gâteaux, trois tablettes de chocolat et une bouteille de soda.

Évidemment, ce n'est pas le régime idéal quand on est un sportif, mais pour une fois...

Puis, Gustave ondule à nouveau à toute vitesse vers sa chambre en poussant son plateau. Il a tellement peur d'avoir raté quelque chose !

Tout l'après-midi, le petit hippocampe ne quitte pas une seconde son écran des yeux. Ou tout au moins, il ne le quitte que d'un œil, pas plus, quand il grignote ses provisions. « Heureusement que je suis un hippocampe, se dit-il. Comment font les autres PetShop ? Ça doit être horrible ! »

Le seul problème, c'est que le téléphone sonne à plusieurs reprises pendant la journée... Même quand ça tombe en pleine publicité, Gustave s'en arracherait les nageoires. Tout ça à cause de Samuel qui a raconté à tout le monde qu'il était malade. Ce serpent bavard ne pouvait pas tenir sa langue ! Le pauvre Gustave a bien du mal à empêcher ses amis de venir. Non, il n'a pas besoin de tisane. Ni d'aspirine. Ni de bouillon de légumes !

Pour finir, il débranche son téléphone. Hélas, dix minutes plus tard, Marine est là. La petite chatte a un sursaut de surprise en voyant son ami dans son lit, entouré de papiers gras, de miettes et de vaisselle sale. Gustave a même renversé son soda sur les draps !

— Mais enfin, Gustave !

Cette fois, le petit hippocampe ne tourne même pas un œil vers son amie.

— C'est quoi, le problème ? Je me détends un peu, c'est tout.

— Mais tu ne sors plus de ton lit !

— Et alors ? J'ai le droit, non ? Allez, laisse-moi regarder ma télé tranquillement.

Mais Marine fait un bond jusqu'au poste et l'éteint.

— Qu'est-ce que tu fais ?! crie Gustave.

Il rampe à toute vitesse vers la télé pour la rallumer en écartant Marine sans ménagement.

La petite chatte se frotte l'épaule avec la patte.

— Tu n'es pas gentil, Gustave. Tu m'as fait mal…

— Excuse-moi, bougonne Gustave. Mais tu peux me laisser maintenant ?

Marine ouvre la bouche, puis la referme. Après tout, c'est son problème. Quand il en aura marre, il s'arrêtera.

Mais Gustave n'en a pas encore marre, loin de là. Il apporte même dans sa chambre toutes ses réserves de provisions pour ne plus avoir à se lever. C'est alors que l'hippocampe commence à remarquer un phénomène bizarre : les images de la télé se reflètent sur son ventre. En fait, non. Ce n'est pas si bizarre. Comme tous les hippocampes,

Gustave a une peau de caméléon qui reproduit les formes et les couleurs de son environnement quand il veut passer inaperçu. Il peut même se faire pousser des vrilles sur le corps pour faire croire qu'il est entouré d'algues…

Sans s'inquiéter le moins du monde, l'hippocampe continue à regarder la télévision pendant des heures, des heures et des heures. Tiens, maintenant, les PetShop de l'émission font une course d'orientation, mais Gustave se met à avoir des sueurs froides. Son équipe favorite est en train de perdre ! C'en est trop : il change de chaîne. Et soudain, il aperçoit à l'écran un hippocampe qui n'est autre que... Gustave lui-même ! Il réalise alors qu'il est tombé sur la retransmission du dernier championnat de reptation. Le petit hippocampe a un choc : il se trouve très beau avec son short et son maillot !

— Je me demande si je n'ai pas un peu grossi, marmonne-t-il en se tâtant le ventre...

Et voilà Samuel qui arrive sur la ligne de départ ! Et Simon le ver de terre, Charlène la limace, Chloé l'escargot... Et l'arbitre, qui va donner le départ !

— Trois deux un... Partez !

Gustave a le cœur qui bat à toute allure. Il a l'impression de revivre la course. Dès le départ, Samuel et lui se détachent du groupe. Ils rampent côte à côte à toute vitesse. Parfois c'est l'un qui l'emporte d'une ondulation, parfois c'est l'autre. Sans s'en rendre compte, le petit hippocampe se met à onduler sur place. Il a envie de sauter dans l'écran et de ramper pour de vrai ! Et soudain, il s'élance…

— Aaaaah ! crie Gustave.

Le pauvre hippocampe est arrêté dans son élan. Il ne peut plus bouger. À force de rester immobile, des vrilles sont sorties de son corps comme des lianes grimpantes… Il a pris racine !

— Au secours ! crie Gustave, je veux ramper !

Il tire, tire, mais rien à faire. Il est coincé, complètement ligoté !

— Samuel ! appelle Gustave en se dressant vers l'image de son ami à la télévision.

— Gustave ! répond Samuel.

Gustave écarquille les yeux. La télé lui parle maintenant ! Cette fois-ci, il devient vraiment fou…

Mais à cet instant, Gustave voit deux Samuel. Un à l'écran, et le vrai, son ami ! À l'aide d'une paire de ciseaux, le vrai Samuel délivre Gustave en quelques instants. Pendant ce temps, Marine, qui est venue prêter patte-forte à Samuel, éteint la télé, la débranche, et la pousse de la chambre pour l'emmener chez elle.

— Tu viendras la regarder chez moi ! lui annonce-t-elle d'un ton ferme.

De toute façon, Gustave n'a plus envie de regarder la télévision pour l'instant. Il rampe à toute vitesse au côté de Samuel en direction du terrain d'entraînement. Ah, ça fait du bien de se dégourdir les nageoires ! Ramper, il n'y a que ça de vrai ! Et vous savez quoi ? Comme Marine se sent un peu responsable de ce qui s'est passé, elle offre un autre cadeau à Gustave. C'est un appareil de sport avec un tapis roulant, exprès pour pouvoir ramper. Et voilà, le petit hippocampe peut maintenant regarder la télé, tout en s'entraînant !

Marie

Marie adore sa jolie maison, mais elle raffole surtout de son jardin. Comme elle ne passe jamais la tondeuse, l'herbe fait trois mètres de haut et elle peut s'amuser à faire des loopings et à utiliser les brins d'herbe comme tremplin comme un vrai pilote de course. Sauf que la voiture, c'est elle, et que parfois la petite coccinelle se cabosse un peu la carrosserie !

Mais aujourd'hui, Marie n'a pas le temps de s'amuser à faire la cascadeuse dans le jardin : comme tous les ans au mois d'avril, elle part en camping avec ses amies à la montagne. Marie est très excitée : pour la première fois, les coccinelles sont assez grandes pour y aller toutes seules de leurs propres ailes. Martin, le saint-bernard qui les accompagne, apportera leur matériel par la route. Et il arrive justement pour prendre les bagages de Marie…

— Bonjour Marie, tu es prête ?

— J'ai même pensé à prendre ma crème solaire ! Là-haut, le soleil tape…

— C'est bien, tu deviens prévoyante. Mais, avant de partir, je veux que tu me promettes que cette fois, tu ne feras pas de bêtises. Sinon, on ne renouvellera pas l'expérience !

Marie ouvre de grands yeux.

— Moi, imprudente ? N'importe quoi !

— Je préfère que les choses soient claires avant de partir, répond le chien en prenant les bagages de Marie.

— Alors dans ce cas, tu as ma parole ! soupire Marie.

Enfin, ce chien rabat-joie s'en va. Dans son sac-banane, avec la crème solaire, Marie glisse son canif, une torche électrique, une pelote de ficelle, un rouleau de Scotch, une fusée de détresse et un sifflet. Ensuite, elle ferme les volets de sa maison et s'éloigne en sifflotant.

Comme elle fonce toujours à toutes pattes, Marie est la première arrivée à l'aéro-club. Elle en a assez d'attendre après ces mollassonnes de coccinelles, mais cinq minutes plus tard (c'est-à-dire à l'heure dite) tout le groupe des coccinelles franchit le portail. Parmi la petite dizaine de PetShop se trouve son amie Lydie, une ravissante coccinelle, toute bleue avec des points rouges. Aussitôt, Lydie remarque le sac-banane de Marie attaché à sa taille. Pour voler léger, aucune coccinelle n'a pris de sac. Elles ont toutes mis leur crème solaire dans la poche de leur short…

— Qu'est-ce que tu as dans ton sac ? demande Lydie, intriguée.

— Mon matériel de survie. Je prévois toujours le pire, moi !

— J'espère qu'on n'en aura pas besoin, répond Lydie, un peu inquiète.

— Allez, on y va ! décide Marie, impatiente. Sinon, Martin arrivera avant nous, et on se fera encore gronder !

Entraînées par Marie, le groupe de coccinelles rejoint la piste de décollage.

— Dis donc, remarque Lydie, ça souffle !

— Tant mieux, répond Marie. Allez, soulevez vos ailes, les filles !

Ensemble, les petites coccinelles ouvrent leur belle carapace et déploient leurs longues ailes transparentes. Mais ce n'est pas suffisant…

— Battez des ailes ! leur ordonne Marie qui commence déjà à courir. Comme ça on décollera plus… facilement, ajoute la petite coccinelle en quittant le sol. C'est parti mon kiki ! crie-t-elle en rentrant ses pattes.

Derrière Marie, Lydie vient de décoller à son tour, mais les autres en sont encore à courir sur la piste. Enfin, tout l'essaim de coccinelles s'élève dans le beau ciel bleu de la ville. Dans sa petite tête de PetShop qui bouillonne, Marie calcule : si elles vont à fond la caisse, elles pourront faire une halte sur le trajet et arriver quand même à l'heure. Le voisin de Marie lui a parlé d'un grand verger de litchis juste à mi-parcours…

— Allez, les filles, s'écrie la coccinelle intrépide, on va prendre de l'altitude pour trouver un courant ascendant !

Comme elles ont peur d'être

semées par Marie, toutes les coccinelles la suivent. Mais la proposition de Marie est excellente : dès qu'elles ont trouvé le courant ascendant, les coccinelles se maintiennent en l'air sans effort, ce qui leur permet d'aller beaucoup plus vite. Peu de temps après, elles ont déjà fait la moitié du chemin.

— J'avais tort de m'inquiéter, applaudit Lydie. Grâce à toi, on est sûres d'arriver à l'heure !

— En plus, répond Marie, comme on est en avance sur notre horaire, on va pouvoir descendre se faire un petit goûter !

Et sans attendre la réponse de Lydie, elle pique vers le sol.

— Marie ! crie Lydie.

Mais Marie file comme une flèche. Derrière elle, les pauvres coccinelles hésitent un instant, puis elles la suivent, mais pas comme des flèches, elles ! Quand elles atterrissent enfin, Marie est déjà installée sur un gros buisson de litchis, en train de s'attaquer à un délicieux fruit bien mûr.

— Dépêchez-vous, les filles ! Il n'y en aura pas pour tout le monde !

— Martin nous a interdit de nous arrêter en route ! proteste Lydie.

— Mais nous sommes en avance, il ne le saura jamais ! Allez, juste un petit goûter et on repart dans cinq minutes. Arrêtez de faire vos peureuses, enfin ! Ça ne vous dit pas un petit litchi ?

Les coccinelles se regardent. Bon, puisqu'elles sont là, autant en profiter. Mais Lydie n'a même pas le temps de finir son premier litchi... Quand elle relève la tête, Marie a disparu ! La coccinelle cherche partout avec ses antennes. Où est-ce qu'elle est encore passée ?

Toutes les autres se joignent à Lydie pour appeler et chercher Marie. Celle-ci les entend, mais la coquine fait la sourde oreille. Elle vient de découvrir une piscine naturelle formée par une grosse flaque bien cachée entre deux gros arbustes à litchis…

— Hi hi, rigole toute seule Marie, elles ne me trouveront pas !

Elle attache un bout de ficelle à une branche et c'est parti ! Elle se lance le plus loin qu'elle peut avant de se lâcher et de plonger la tête la première dans la flaque. Quel jeu rigolo ! Marie y passerait des heures. D'ailleurs, les heures passent… Mais soudain, un cri la ramène à la réalité :

— Marie !

— Lydie ? Mais… pourquoi tu pleures ?

La petite coccinelle bleue devient rouge de colère.

— Mais tu es dingue ou quoi ? On était très inquiètes et on t'a cherchée partout !

Quelques instants plus tard, les coccinelles reprennent leur vol dans un silence lourd. Les pauvres ont vraiment cru qu'il était arrivé quelque chose à leur amie. Et en plus, elles sont très en retard maintenant ! Quand elles arrivent enfin au campement, Martin est déjà là depuis longtemps, comme il fallait s'y attendre...

Les coccinelles avancent, la tête basse. Sauf Marie, qui est déjà en train de chercher du regard une branche pour jouer à Tarzan.

— J'attends des explications, commence le saint-bernard d'une voix sévère.

Toutes les coccinelles se taisent,

y compris Marie qui n'a pas écouté.

— Très bien. C'est donc la première et dernière fois que je vous laisse faire le trajet toutes seules ! Pas de feu de camp ce soir. Maintenant montez vos tentes, mesdemoiselles, mangez votre sandwich, et direct au lit ! J'imagine que vous devez être fatiguées après un *si long* voyage…

— Non, l'interrompt Marie en soulevant ses ailes, prête à décoller à nouveau, pas du tout !

Et elle part à toutes pattes chercher son matériel de camping. Les autres n'en reviennent pas ! Évidemment, elle a fini de monter sa tente et de gonfler son matelas avant toutes les autres. Mais la petite coccinelle s'aperçoit alors que ses amies se sont toutes mises ensemble à l'écart d'elle. Même Lydie….

— Lydie ! appelle Marie en rejoignant son amie qui est en train de gonfler son matelas pneumatique. Mais pourquoi tu t'es installée là-bas ? Tu veux que je t'aide ?

Lydie continue à actionner le gonfleur avec sa patte sans répondre. Et tout d'un coup, Marie comprend. Son amie lui en veut ! La petite coccinelle réfléchit. Mais oui, tout est de sa faute, c'est vrai !

Deux secondes après, elle se

présente à la tente de Martin. Le saint-bernard est assis devant sa table de camping, en train d'étudier la carte pour l'excursion du lendemain. En voyant arriver la jeune coccinelle, il sourit. Même si cette jeune PetShop est très étourdie, il ne peut s'empêcher d'admirer son énergie.

— Bonsoir, m'sieur. Voilà, tout est de ma faute. C'est moi qui ai obligé les autres à s'arrêter en route…

— Ça, je le sais Marie, que c'est toi la coupable… Je n'en ai jamais douté !

— Alors, punissez-moi toute seule ! Je resterai dans ma tente sans bouger si vous voulez…

— Et sans respirer aussi ? rigole Martin. Moi, je crois que c'est tout à fait impossible pour toi d'arrêter de bouger ! Et de toute façon, je ne reviendrai pas sur ma décision. Les autres sont aussi coupables que toi. Elles n'auraient pas dû te suivre...

— Mais si vous ne me punissez pas, mes amies vont continuer à me faire la tête ! gémit Marie.

— Ça suffit maintenant, tranche Martin en levant sévèrement la patte. À toi de te débrouiller avec elles pour te faire pardonner.

Les ailes et la tête basses, Marie revient vers sa tente. Elle aperçoit les autres, à une cinquantaine de mètres, qui chuchotent et rient entre elles. Il ne lui reste plus qu'à aller se coucher...

Heureusement, Marie n'a pas seulement des idées quand elle est éveillée. Elle en a aussi en dormant... Et justement, quand elle se réveille le lendemain, elle en a eu une excellente, dont elle rit d'avance !

Après le petit déjeuner, les coccinelles se mettent en route. Comme les autres lui font toujours la tête, Marie marche plusieurs mètres devant. De toute manière, son plan exige qu'elle prenne de l'avance. Au premier virage, la coccinelle accélère encore l'allure et, dès qu'elle est hors de vue des autres, elle se laisse tomber dans le fossé en poussant le plus grand cri de coccinelle qu'elle peut. Puis elle rentre les pattes pour faire la morte, et ne bouge plus. Derrière elle, les cris des autres coccinelles qui l'ont entendue lui parviennent aussitôt...

— Marie ! Réponds-nous, je t'en supplie ! appelle Lydie.

Les pas se rapprochent et bientôt Marie entend les autres qui arrivent au bord du fossé. La petite coccinelle essaie de ne pas respirer.

— Je la vois ! dit Lydie. Elle ne bouge plus...

Le souffle suspendu, Marie entend Lydie qui s'approche, puis elle la sent qui se penche sur elle et, soudain, elle se met à rire en se tortillant dans tous les sens. Lydie est en train de la chatouiller...

— Espèce de menteuse ! crie Lydie, furieuse. Je le savais !

C'est raté...

Pire que raté même... car en plus, Lydie dit à Marie qu'elle ne sera plus jamais sa copine. L'excursion reprend, mais Marie a tellement peu le moral que maintenant elle traîne la patte derrière les autres. On dirait que son sac-banane pèse des tonnes. En plus, à quoi est-ce que ça lui sert de traîner avec elle son matériel de survie ? À rien...

À la pause de midi, la pauvre Marie mange toute seule son pique-nique dans un coin. La coccinelle a beau se creuser la cervelle, elle ne trouve plus une seule idée pour se faire pardonner.

— Lydie…, essaie-t-elle encore une fois en s'avançant vers son amie.

— Laisse-moi ! répond Lydie en reculant. T'es plus ma copine !

C'est à ce moment que Lydie pousse un cri de terreur. En faisant un pas en arrière, la petite coccinelle bleue vient de tomber dans un piège horrible : une énorme toile d'araignée dans laquelle toutes les autres coccinelles tombent à sa suite, comme des dominos.

Horrifiée, Marie aperçoit alors l'énorme araignée qui a tissé la toile. Elle rampe vers ses proies. Dans quelques secondes, elle leur injectera son venin paralysant avec ses crochets !

Comme toutes les coccinelles, Marie a très peur des araignées. Mais sans hésiter une seconde, elle saute dans la toile comme sur un trampoline. Sous son poids, toutes les autres coccinelles rebondissent et sont éjectées de la toile, saines et sauves…

— À nous deux ! crie Marie en regardant dans les yeux l'affreuse bête velue.

Elle ouvre son sac-banane et coupe un morceau de ficelle. Puis, en rampant à toute vitesse, elle attache la ficelle aux huit coins de la toile. Par chance, cette imbécile d'araignée ne bouge pas, se demandant bien ce que Marie fabrique. Alors, comme Tarzan, Marie se lance dans le vide, accrochée à la ficelle, et la toile se referme comme un filet sur l'araignée. Le monstre se débat, mais il est trop tard, elle est ligotée comme une paupiette de veau !

— Bien fait ! rigole Marie en atterrissant au milieu de ses amies.

— Marie ! s'écrie Lydie en se jetant dans ses pattes. Tu nous as sauvé la vie !

— Oui, peut-être, mais maintenant on ferait mieux de filer !

Cette fois-ci, tout le monde

suit Marie sans discuter. Revenues au camp, bien en sécurité, elles racontent l'exploit de Marie. À son tour, Martin félicite la petite coccinelle et, pour la récompenser, il organise une cérémonie où il la fait monter sur un podium pour lui remettre la médaille de la PetShop la plus courageuse de l'année. Et en plus, il la nomme chef d'équipe ! Toutes les autres applaudissent Marie. Et vous savez quoi ? Depuis que la petite coccinelle est responsable de ses amies, elle est aussi devenue la plus prudente de tous les PetShop !

3

Charles

Ce jour-là, Charles prend un verre à la terrasse du café qui se trouve en face de chez lui. C'est son endroit préféré, parce que tout le monde le voit et qu'il peut admirer en même temps sa somptueuse maison devant laquelle est garée sa voiture de course, une *Spider PetShop Rallye*. Charles est justement en train d'en vanter les mérites au PetShop qu'il a invité à boire un verre, José, un petit mouton qui ne se sent pas très à l'aise…

— Un confort royal, avec deux places à l'arrière pour mes amis ! claironne le Cavalier King Charles. Une tenue de route impossible à prendre en défaut. Et pour couronner le tout, une ligne à couper le souffle avec son profil aérodynamique signé Fabricio Miaou, le célèbre designer PetShop italien. Est-ce que tu te rends compte ?

Le mouton hoche la tête :

— Et ça va à combien à l'heure cette petite merveille ?

Charles plisse les yeux de plaisir.

— Figure-toi que ça abat le kilomètre départ arrêté en moins de 25 secondes et que ça flirte avec les 280 km/heure en toute décontraction…

Le petit mouton ne comprend pas très bien ce vocabulaire compliqué.

— La vitesse est limitée à 50 en ville, hasarde-t-il. 90 sur la route… Alors à quoi ça sert d'avoir une voiture qui va si vite ?

Soudain, José a l'intuition qu'il vient de commettre l'erreur de sa vie en posant cette question…

— Moi, les limitations de vitesse,

je m'en fiche ! aboie le chien en éclatant d'un rire sonore. Allez mon pote, je t'emmène faire un tour, tu vas voir ce que c'est que la vitesse…

Le pauvre José a beau dire qu'il doit tondre son gazon, faire les courses, aller chez le dentiste, rendre visite à sa grand-mère, rien à faire. Depuis qu'il a sa nouvelle voiture, le Cavalier King Charles propose à tous les PetShop d'aller faire un tour dedans. Du coup, la plupart d'entre eux sont prévenus et évitent soigneusement Charles et sa voiture, mais le petit mouton revient d'un mois de vacances à la campagne, et il n'était pas au courant…

— C'est pour moi ! déclare Charles en jetant quelques pièces sur la table pour payer les consommations. Ne me remercie pas, j'ai les moyens !

Résigné, José suit Charles dehors. Au moment de monter dans la *Spider PetShop Rallye*, il fait une dernière tentative pour s'échapper.

— Tu sais, dit-il, je suis malade en voiture… Surtout quand ça va vite.

— Pas dans celle-là ! se met à rire Charles en tournant la clef de contact. Tu vas voir, mon mouton, elle est docile comme un agneau !

Ravi de son trait d'esprit, Charles rit encore, et il démarre.

— Bêeeh ! crie le petit mouton en se retrouvant collé au dossier du siège.

Charles n'a pas menti : la voiture démarre aussi vite qu'une fusée. Il ne leur faut que 25 secondes pour parcourir le premier kilomètre. Quant au second, au troisième et aux kilomètres suivants… José ne se rend plus compte, le paysage défile à une telle allure derrière les vitres qu'il a l'impression d'être dans un film en accéléré.

Et soudain, Charles pile net.

— On s'arrête prendre ma fiancée ! annonce-t-il.

Mais c'est alors qu'il entend un drôle de bruit. Comme une sorte de gargouillement... Le conducteur tourne la tête et ses yeux s'arrondissent : son passager vient de vomir sur ses beaux sièges en cuir...

— Je t'avais prévenu ! hoquette le pauvre mouton.

— Espèce d'idiot ! aboie Charles, furieux. Allez, descends... T'es bon qu'à aller à pattes...

José ne demande pas son reste. Les pattes flageolantes, il sort de la voiture. Quand soudain, un coup de klaxon le fait sursauter.

Il se retourne, aperçoit Charles qui continue à klaxonner, puis il comprend tout d'un coup que ces appels ne lui sont pas destinés : une jolie lapine habillée d'un jogging se dépêche d'aller jusqu'à la voiture…

— Va chercher de quoi nettoyer, Émilie ! lui ordonne Charles. Regarde ce que ce fichu mouton m'a fait !

Émilie se retourne vers le « fichu mouton » dont elle croise le regard. José lui sourit malgré lui : on dirait que cette petite lapine est le contraire de son ami chien. Elle a les yeux les plus doux du monde... Tandis que le mouton s'éloigne, le chien interpelle encore sa fiancée :

— Et change de tenue ! Pourquoi tu ne mets pas le petit tailleur que je t'ai offert hier ?

— Je faisais le ménage, explique Émilie.

— Je croyais que mon PetShop de ménage venait chez toi maintenant !

— Oh oui, mais je faisais juste un peu de rangement. J'allais me changer quand tu es arrivé...

— Bon, mais fais vite ! grogne le chien. Je n'ai pas que ça à faire... Il faut qu'on passe chez *JoliePetShop* t'acheter une robe de soirée. Je te rappelle que ce soir on va au théâtre ! En plus j'ai réservé la loge royale…

— Je sais ! répond la petite lapine en s'éloignant d'un bond.

Elle passe devant José qui plaint de tout son cœur la petite amie de Charles. Cinq minutes plus tard, habillée d'un tailleur ultra-chic, Émilie est en train de faire disparaître les traces laissées par le mouton.

— Voilà, c'est fait, mon chéri ! annonce la jolie lapine, avant de ranger dans la boîte à gants son chiffon et sa bombe de nettoyant.

Et c'est au tour d'Émilie de se retrouver collée au siège quand la *Spider PetShop Rallye* démarre. Heureusement, la petite lapine n'a pas mal au cœur en voiture. Par contre, elle a un peu peur de la vitesse, mais elle n'ose rien dire.

Quand les deux PetShop arrivent à la boutique de robes de soirée, ils sont accueillis comme des stars.

— Prends ce que tu veux, ma chérie ! déclare Charles, grand seigneur.

La jeune lapine s'approche des portants, et commence à examiner une à une les robes suspendues aux cintres. Elle ose à peine les toucher. Elle n'a jamais vu de vêtements aussi luxueux. Sauf que rien ne lui plaît… Tout ce strass, ces paillettes, ces volants : ce n'est pas son genre. En plus, elle constate en jetant un coup d'œil sur les étiquettes que ces robes valent une fortune…

— Alors Émilie, s'impatiente Charles, est-ce que tu en vois une qui te plaît ?

— Heu…, répond Émilie. Oui !

La jeune lapine vient de tomber en arrêt devant une robe qui est tout à fait différente des autres : c'est une robe bustier qui se porte avec un tee-shirt aux bords roses…

— En plus, elle est beaucoup moins chère que les autres ! annonce-t-elle à Charles d'un air ravi.

Mais Charles est contrarié.

— Ça se voit qu'elle est moins chère, siffle-t-il. Elle est moche, archi-moche. Moi, je veux que tu prennes la plus chère !

— La plus chère ? répète Émilie, étonnée. Mais pourquoi ?

— Pourquoi ? répète Charles en levant les yeux au ciel. Parce que plus c'est cher, plus c'est beau ! Enfin, c'est évident… Sinon à quoi ça servirait d'avoir de l'argent ?

Prenant une des robes suspendues aux cintres, la vendeuse l'apporte à Émilie.

— Monsieur a tout à fait raison ! Voilà la robe la plus chère. Et c'est la plus belle, vous ne pouvez pas dire le contraire, ma chère…

Émilie regarde la robe en agrandissant les yeux. Eh bien si, elle peut dire le contraire. C'est la robe la plus affreuse qu'elle ait jamais vue… Avec son drapé, on dirait une toge romaine !

— En plus, elle a une traîne, murmure-t-elle.

— Oui, c'est une robe de princesse ! répond la vendeuse. Elle vous ira à ravir…

— Essaie-la, Émilie ! ordonne Charles.

La mort dans l'âme, la petite lapine prend la robe et passe dans la cabine d'essayage. Elle enlève son tailleur, puis enfile la robe et se regarde dans le miroir…

— Ah ! s'écrie Émilie.

C'est épouvantable. On ne dirait

pas une robe, mais un rideau !

— Vous vous êtes piquée avec une épingle ? demande la vendeuse, d'un ton inquiet.

— Non non, ça va, répond Émilie.

Elle regarde encore, d'un air surpris, l'image que lui renvoie le miroir et soudain... elle décide qu'elle en a assez ! Vite, elle enlève la robe et se rhabille. La seule chose qu'elle désire maintenant, c'est sortir de la boutique, rentrer chez elle, enlever son tailleur et remettre des vêtements normaux.

— Qu'est-ce qui se passe, Émilie ? interroge Charles en voyant la jeune lapine sortir comme une flèche de la cabine d'essayage. Elle ne te va pas ?

— Mademoiselle veut peut-être essayer une autre taille ? demande la vendeuse.

— Non, Mademoiselle ne veut pas essayer une autre taille ! s'énerve Émilie en déposant la robe dans les bras de la vendeuse. Mademoiselle s'en va ! Et en plus, Mademoiselle part en vacances ! ajoute-t-elle en lançant un regard noir au chien.

Celui-ci n'a même pas le temps de réaliser ce qui lui arrive : la jeune lapine est partie.

— Ah les femmes ! dit-il en se

forçant à rire. Je parie que je vais la retrouver dans la voiture en train de pleurer !

Mais il n'y a personne dans la *Spider PetShop Rallye* quand Charles revient à sa voiture. Il démarre et, lentement pour une fois, il cherche dans les rues de la ville s'il aperçoit la silhouette de sa petite amie. Pour finir, il va sonner chez elle, mais personne ne lui répond...

— Bah ! s'écrie-t-il, qu'elle parte en vacances, ça me fera des vacances !

En arrivant chez lui, Charles

décide d'aller boire un verre dans le café d'en face. Le mouton qui a vomi dans sa voiture est justement assis au bar…

— Allez, pas de rancune, lui dit-il en s'installant à côté de lui, je t'offre un verre !

Le mouton hoche la tête.

— Ta petite amie n'est pas avec toi ?

— Ha, celle-là ! Elle m'embêtait trop. J'ai décidé de partir en vacances sans elle !

Le mouton regarde le chien d'un air étonné.

— Vraiment ?

— Ben oui vraiment ! Qu'est-ce tu crois ? Que c'est elle qui va partir en vacances sans moi ? Ah ah !

N'importe quoi…

Revenu chez lui, Charles s'assoit dans un de ses luxueux fauteuils club et décroche son téléphone. L'une après l'autre, il appelle toutes les filles qui sont dans son carnet d'adresses pour leur proposer de l'accompagner au théâtre ce soir. Pas de chance, elles sont toutes prises.

— Elles ne savent pas ce qu'elles ratent ! s'écrie-t-il en raccrochant son téléphone.

Il n'a même plus envie d'aller au théâtre maintenant. En plus, il se sent fiévreux, il a l'impression qu'il est en train de tomber malade. Reprenant son téléphone, il rappelle toutes les filles pour leur dire qu'il est malade. Mais il n'a pas plus de succès, malheureusement…

Le pauvre Cavalier King Charles n'a plus que la force de se traîner jusqu'à son lit.

Le lendemain matin, il attend encore que quelqu'un l'appelle. Mais pas une des filles à qui il a dit qu'il était malade ne demande de ses nouvelles ! Le chien ne comprend pas. Lui qui est si beau et si riche, lui qui possède une *Spider PetShop Rallye*, comment est-ce que c'est possible ?

Soudain, Charles se dresse sur son lit. Quelqu'un vient de sonner. Vite, il enfile son peignoir en velours et court ouvrir. Quelle déception ! Ce n'est que Rémi le chat, son PetShop de ménage…

— Salut, Rémi… Dis-moi, tu es allé faire le ménage chez Émilie ?

— J'en reviens, pourquoi ?

Charles reprend espoir.

— Elle était chez elle ? Elle n'est pas partie en vacances ?

Rémi sourit.

— Non, elle était là. Elle est vraiment adorable ! Pour me distraire pendant que je faisais le ménage, elle m'a chanté des morceaux en jouant au piano. Que des chansons tristes, mais elle a une très jolie voix, et elle chante très bien !

— Ah, je ne savais pas qu'elle savait faire tout ça ! répond Charles en réalisant soudain qu'il ne s'est jamais vraiment intéressé à sa petite amie. J'aimerais tant l'entendre chanter ! ajoute-t-il d'une voix prête à se briser.

Et soudain, incapable de se retenir plus longtemps, le chien se met à pleurer.

— En plus, je suis malade et personne ne vient me voir !

Gentiment, Rémi reconduit Charles jusqu'à son lit, le couche, lui arrange ses oreillers, puis il lui allume un feu dans la cheminée et lui prépare une tisane.

— Tu es gentil, Rémi, très gentil, dit doucement Charles.

Et il réalise qu'il ne s'est jamais intéressé non plus à Rémi…

— Dis-moi, Rémi, qu'est-ce que tu aimes dans la vie, toi ? Je veux dire, moi j'ai ma voiture de course, ma belle maison… Mais toi ?

— Oh moi, dit le chat en s'asseyant sur une chaise à côté du lit du chien, je suis un passionné de bricolage. Il n'y a rien qui me plaît plus dans la vie…

— Même pas une belle voiture ?

— Je ne m'intéresse pas du tout aux voitures, sauf si elles sont en panne !

— Et les filles ?

— J'ai ma copine, Marie-Line. Je n'ai besoin de personne d'autre...

— Moi non plus, je n'ai besoin de personne d'autre qu'Émilie ! gémit Charles.

Le gentil chat prend la patte de Charles dans la sienne.

— Tout n'est pas perdu. Tu sais, elle m'a tout raconté. Elle t'aime, mais elle a l'impression d'être juste là pour faire jolie...

Charles hoche la tête en silence.

— Merci, Rémi. Je sais ce que j'ai à faire...

Le lendemain, Charles va mieux. Il sort dans la rue... à pied. Les autres PetShop qui le croisent sont vraiment très surpris. Charles sans sa *Spider PetShop Rallye,* c'est une révolution ! Mais celle qui est encore plus surprise, c'est Émilie quand le Cavalier King Charles sonne à sa porte avec un bouquet de fleurs des champs qu'il a cueillies en chemin. Et vous savez quoi ? Le mois suivant, il y a deux petites annonces dans le journal des PetShop. La première, pour faire part du mariage de Charles et d'Émilie. Et la seconde… pour mettre en vente (à un prix dérisoire) la *Spider PetShop Rallye* ! Eh oui, les futurs mariés ont décidé de faire une randonnée à pied pour leur voyage de noces !

FIN

Les PetShop ont encore des histoires
à te raconter.
Découvre Valentine la biche
dans le tome 4 !

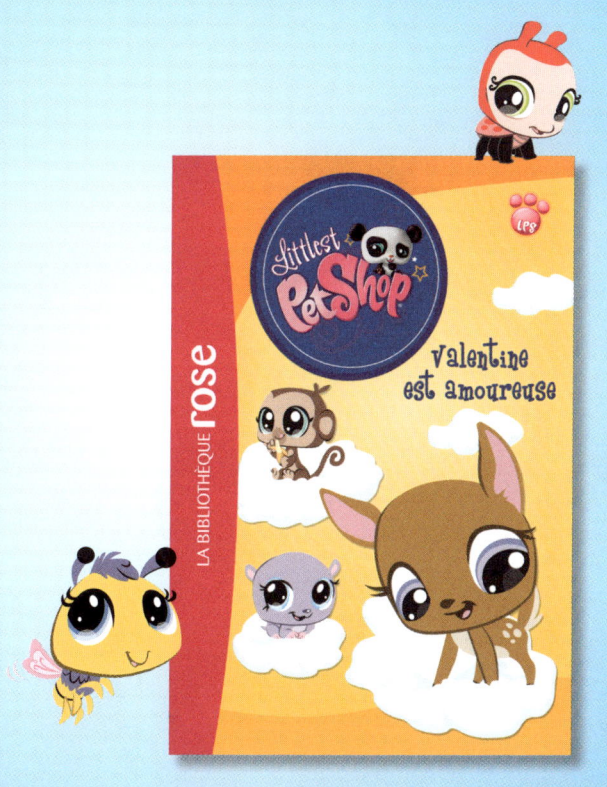

Pour connaître la date de parution des prochains tomes, inscris-toi à la newsletter du site
www.bibliotheque-rose.fr

Les PetShop ont toujours des

tome 1 : Charlie est jaloux

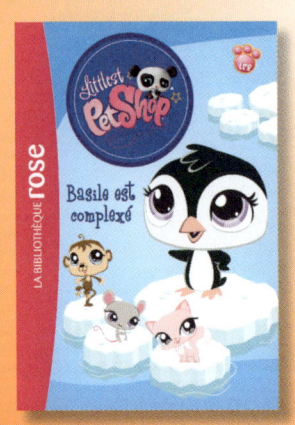

tome 2 : Basile est complexé

tome 4 : Valentine est amoureuse

tonnes d'histoires à te raconter !

tome 5 : Jules fait son chef

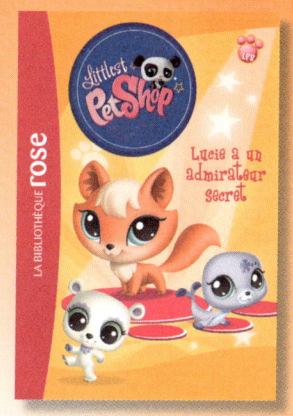

tome 6 : Lucie a un admirateur secret

tome 7 : Anne est paresseuse

tome 8 : Romain s'ennuie

Comment est-ce que tu imagines ton PetShop ?

C'est plutôt un chat ou une lapine ?
Est-ce qu'il a des plumes ou des poils ?
Et ses oreilles, est-ce qu'elles sont comme celles de Valentine
la biche ou comme celles de Melchior le hamster ?
Sur cette page, tu peux décrire le PetShop de tes rêves...
N'oublie pas de lui donner un prénom !

_____
_____
_____
_____
_____
_____
_____
_____
_____
_____
_____
_____
_____

Maintenant que tu as décrit en détail ton PetShop, tu peux le dessiner dans ton livre. Il y a de la place juste ici !

Table

Histoire 1 : Gustave....9

Histoire 2 : Marie....37

Histoire 3 : Charles...61

« Pour l'éditeur, le principe est d'utiliser des papiers composés de fibres naturelles, renouvelables, recyclables et fabriquées à partir de bois issus de forêts qui adoptent un système d'aménagement durable. En outre, l'éditeur attend de ses fournisseurs de papier qu'ils s'inscrivent dans une démarche de certification environnementale reconnue. »

Imprimé en Roumanie par G. Canale & C.S.A.
Dépôt légal : avril 2011
achevé d'imprimer : février 2012
20.20.2318.2/03 – ISBN 978-2-01-202318-5
Loi n° 49956 du 16 juillet 1949
sur les publications destinées à la jeunesse